응급처치가 필요해!

글_ 최옥임
초등 학습지 개발과 어린이 잡지 기자를 하다 지금은 다양한 어린이책을 쓰고 있습니다. 하임리히 응급 처치법을 어른들에게 가르쳐 줄 만큼 안전에 박식한 9살 딸아이의 엄마이기도 합니다.
쓴 책으로 《자신만만 직업 여행》, 《생선 도둑을 잡아라!》, 《초등학교 입학을 축하합니다!》, 《바이킹의 꿈》, 《바깥 활동 안전 수첩》 등이 있습니다.

그림_ 송하완
홍익대학교에서 시각디자인을 공부하고 그림책 작가 겸 일러스트레이터로 활동하고 있습니다.
그린 책으로는 《가시소년》, 《어린이에게 일을 시키는 건 반칙이에요》, 《왜 너희만 먹는 거야?》, 《도담이와 무지개 도깨비》 등이 있고, 쓰고 그린 책으로는 《나도 학교 가기 싫어》가 있습니다.

감수_ (사)한국생활안전연합
'어린이가 안전하면 모두가 안전하다'라는 생각으로 사회적 약자가 안전한 세상을 만들어 가는 데 앞장서는 대한민국의 대표 안전 공익 법인입니다. 아동 안전 캠페인, 안전과 관련된 정책 및 입법 활동, 아동 안전사고 예방 교육 등을 통해 안전 문화를 확산하고 있습니다.
(홈페이지 www.safia.org)

응급처치가 필요해!

ⓒ 최옥임, 2016

1판 1쇄 발행 2016년 2월 25일 | **1판 4쇄 발행** 2022년 4월 20일

글 최옥임 | **그림** 송하완 | **감수** (사)한국생활안전연합
펴낸이 권준구 | **펴낸곳** (주)지학사
본부장 황홍규 | **편집장** 윤소현 | **팀장** 문지연 | **편집** 양선화 박보영 김승주
디자인 이혜리 | **마케팅** 송성만 손정빈 윤술옥 이혜인 | **제작** 김현정 이진형 강석준 방연주
등록 2010년 1월 29일(제313-2010-24호) | **주소** 서울시 마포구 신촌로6길 5
전화 02.330.5263 | **팩스** 02.3141.4488 | **이메일** arbolbooks@jihak.co.kr
ISBN 979-11-85786-64-3 74370
ISBN 979-11-85786-48-3 74370(세트)
잘못된 책은 구입하신 곳에서 바꿔 드립니다.

 제조국 대한민국 사용연령 6세 이상
KC마크는 이 제품이 공통안전기준에 적합하였음을 의미합니다.

 아르볼은 '나무'를 뜻하는 스페인어. 어린이들의 마음에 담긴 씨앗을 알찬 열매로 맺게 하는 나무가 되겠습니다.
홈페이지 www.jihak.co.kr/arb/book | **포스트** post.naver.com/arbolbooks

펴내는 말

안전한 생활이 곧 행복한 미래다

세월호 침몰부터 판교 환풍구 붕괴, 글램핑장 화재까지 최근 우리 사회에는 안전 불감증에서 비롯된 참사가 잇달아 발생했습니다. 이에 교육부는 유아부터 고교 단계까지 체계적인 안전 교육이 가능하도록 발달 단계에 따른 안전 교육 표준안을 마련하였으며, 학교생활 안전 매뉴얼 앱을 만들었습니다. 또한 2018년부터 적용되는 새로운 교육 과정에 안전 교과를 포함시키기로 결정하였습니다.

우리는 큰 사고가 일어나면 '안전이 제일이다'라며 안전의 중요성을 강조합니다. 하지만 그때뿐일 때가 많습니다. 안전 의식이 자리 잡지 못하면 우리 사회의 안전 문제는 늘 소 잃고 외양간 고치는 격의 상황이 반복될 것입니다.

몇 번의 교육으로 머릿속에 지식을 넣을 수는 있습니다. 하지만 아는 것과 실제 상황에서 바로 행동에 옮길 수 있는 건 다른 문제입니다. 사고는 늘 예측하지 못한 상황에서 발생하게 마련이니까요. 예를 들어 불이 났다고 생각해 보세요. 배운 대로 '불이야!'라고 큰 소리로 외쳐 다른 사람에게 알리고, 비상벨을 누르고, 119에 신고하고, 물에 적신 담요나 수건 등으로 몸을 감싸고 대피한다는 매뉴얼을 떠올리는 사람이 몇이나 될까요?

참된 안전 교육은 아는 데서 그치지 않고, 체득하는 데 있습니다. 반복된 교육과 체험이 필요한 것이지요.

《일 년 내내 안전한 생활》은 아이들의 안전 의식과 위기 대응 능력을 키워 주는 초등 저학년 그림책 시리즈입니다. 교육부에서 제공하는 안전 교육 7대 영역 표준안과 학교생활 안전 매뉴얼 앱에 기초하여 만들었지요. 어린이 안전사고를 동화로 들려주고, 그 예방법과 대처법을 함께 소개합니다. 또래의 등장인물을 통한 간접 경험은 아이들이 안전 생활을 습관화하는 데 큰 도움을 줄 것입니다.

교육부 〈안전 교육 7대 영역 표준안〉	교육부 〈학교생활 안전 매뉴얼〉	아르볼 《일 년 내내 안전한 생활》
생활 안전	학교 내 활동	학교
교통안전	학교 밖 활동	우리 집
폭력·신변 안전	폭력	**응급 처치**
약물·사이버 중독	교통사고	교통사고
재난 안전	감염 및 중독	자연 재난
직업 안전	**응급 처치**	비상 대피
응급 처치	자연 재난	중독
	비상 사태	야외 활동
		폭력

작가의 말

응급 처치, 누구나 할 수 있어요!

간단한 조치로 사람을 살릴 수 있는데도 일반인들이 응급 처치법을 잘 몰라 안타깝게 목숨을 잃는 경우가 있습니다. 얼마 전에도 한 남성이 떡을 먹다 질식해서 사망한 기사를 보며 참 안타까웠습니다. 주변에 사람들이 많이 있었는데도 적절한 응급 처치가 이루어지지 않았던 것이죠. 누군가 그 사람에게 제때 배 밀쳐 올리기(하임리히법)를 했다면 그는 지금 살아 있을지도 모릅니다.

응급 상황은 언제 어디서든, 또 누구든 맞닥뜨릴 수 있습니다. 내가 처할 수도 있고, 사랑하는 가족이나 친구가 처할 수도 있습니다.

야외 활동을 할 때는 예상치 못한 사고나 부상을 당할 위험이 더욱 커집니다. 옆에서 누가 피를 철철 흘리고 있거나 의식을 잃었는데 응급 처치법을 몰라 발만 동동 구르고 있다면 얼마나 답답할까요?

속담에 '호미로 막을 것을 가래로 막는다'는 말이 있습니다. 일이 커지기 전에 처리하였다면 쉽게 해결되었을 것을 방치하였다가 나중에 큰 힘을 들이게 됐다는 뜻입니다. 응급 처치도 마찬가지입니다. 119가 오기 전에 응급 처치를 잘하면 상처가 깊어지는 것을 막고 심지어는 생명까지도 살릴 수 있습니다.

응급 처치를 구급대나 의사 같은 전문가만 하는 것으로 알고 있는 사람들이 많은데 그렇지 않습니다. 응급 처치는 누구나 알고 있어야 하는 기본 상식입니다.

《응급 처치가 필요해!》에 모든 응급 처치법을 담을 수는 없었지만 우리 주변에서 흔히 겪을 수 있는 사고에 대한 처치 요령을 최대한 많이 담고자 노력했습니다. 잘 알아 두었다가 갑작스러운 병이나 사고가 생겼을 때 침착하게 대처하는 어린이가 되길 바랍니다.

　마지막으로 우리 친구들에게 하고 싶은 말이 있습니다. 다쳤을 때 무심코 사용하는 약품들에게 고마워하는 마음을 가졌으면 합니다. 그런 마음으로 구급상자를 잘 보관하고 약품들을 관리해요. 구급상자는 우리 몸을 지켜 주는 보물 상자니까요. 이 책에 나오는 해정이처럼 "밴드야 고마워.", "연고야 고마워."라고도 말해 보면 어떨까요? 왠지 약효가 더 날 것 같지 않나요?

최옥임

"아야! 해정아, 밴드 좀 가져올래?"
"왜요, 엄마?"
"손 베였어."
나는 허겁지겁 구급상자를 찾았지만 보이지 않았어요.
"엄마, 엄마! 구급상자 어디 있어요?"
"글쎄, 거실에 없니? 내가 어디다 뒀더라?"
"나보고는 만날 제자리에 갖다 놓으라면서."

나는 신발장 안에서 구급상자를 찾아냈어요.
세상에, 구급상자를 손 안 닿는 높은 곳에 두다니.
결국 엄마가 와서 구급상자를 내려 주었어요.
"내가 왜 여기다 뒀지?
앞으로는 잘 보이는 곳에 두자."
나는 밴드를 꺼내 엄마 손에 붙였어요.
엄마가 구급상자를 뒤적거리다 말했어요.
"어머, 연고가 유효 기간이 다 됐네.
소독약도 떨어져 가잖아. 내가 너무 소홀했구나.
이 구급약품들로 **응급 처치**를 한 덕분에
너랑 오빠가 건강하게 자랄 수 있었는데 말이야."

응급 처치란?

갑자기 병이나 사고로 위급해졌을 때 필요해요. 전문적인 치료를 받기 전까지 도움을 주는 일이지요. 응급 처치를 잘 하면 상처가 심해지는 것을 막고 생명을 살릴 수도 있어요.

✚ 응급 처치에 관한 기본 상식을 알아보자!

구급상자 준비는 이렇게!

① **체온계** 열을 잴 때 써요.
② **생리 식염수** 상처 부위를 씻을 때 써요.
③ **작은 손전등** 어두운 곳에서 치료할 때나 귀에 벌레가 들어갔을 때 써요.
④ **소화제** 소화가 잘 안 될 때 먹어요.
⑤ **연고** 상처 연고, 벌레 연고는 기본으로 있으면 좋아요.
⑥ **항균 면봉** 연고를 바를 때, 귓속이나 콧속을 닦을 때 등 쓰임새가 많아요.
⑦ **탈지면** 소독약을 적셔 소독할 때 써요.
⑧ **붕대, 탄력 붕대** 일반 붕대는 피를 멎게 하기 위해, 탄력 붕대는 뼈를 다쳤을 때 고정하기 위해 써요.
⑨ **거즈** 상처를 덮을 때 써요.
⑩ **일회용 밴드, 방수 밴드** 가벼운 상처에 붙여요. 방수 밴드는 상처에 물이 닿지 않게 도와줘요.
⑪ **습윤 밴드** 상처를 흉터 없이 빨리 아물게 해 줘요.
⑫ **해열 진통제** 열이 나고 아플 때 먹어요.
⑬ **반창고** 붕대 등을 감은 후 고정시킬 때 써요.
⑭ **핀셋** 탈지면을 집어 소독할 때나 이물질을 뽑아낼 때 써요.
⑮ **소독약** 상처로 침입한 세균을 죽여요.
⑯ **가위** 붕대나 반창고 등을 자를 때 써요. 의료용 가위는 끝이 뭉툭해요.

구급상자 관리하는 방법

1 유효 기간을 꼭 확인해요. 약에 개봉 날짜, 먹는 법 등을 써 두면 편해요. 보통 연고는 개봉 후 6개월, 안약은 1개월, 약국에서 직접 지어 준 시럽은 1~2주가 지나면 버려야 해요.

2 구급상자는 햇볕이 드는 곳을 피해 서늘하고 건조한 곳에 보관해요.

3 항상 같은 곳에 두어야 위급할 때 쉽게 찾을 수 있어요.

4 가족 모두가 알 수 있는 곳에 두어요.

119 구조대에 신고하는 방법

응급 환자가 발생했을 때에는 가족이나 친구보다 먼저 119로 전화해서 도움을 받아요.

1 전화기에서 119를 눌러요. 공중전화에서 긴급 통화 버튼을 누르면 돈을 넣지 않아도 전화할 수 있어요.

2 "여기는 OOO입니다."
(위치를 알려요. 가까이 있는 건물 이름을 말해도 돼요.)

3 "지금 OO가 OO한 상황입니다."
(어떻게 다쳤는지, 다친 사람의 상태는 어떤지 등을 알려요.)

4 119에서 알려 주는 방법에 따라 응급 처치를 해요.

5 다친 사람을 돌보면서 구조대가 올 때까지 기다려요.
(구조대가 도착하기 전까지는 전화를 끊지 말아요.)

"난 별로 안 다쳤어요. 오빠가 많이 다쳤지."
"너 기억이 안 나는가 보구나.
5살 때 손에 **가시**가 박혀서 동네가 떠나가라 울었던 거 생각 안 나?
쩔쩔매다 겨우 뺐는데 **파상풍**에 걸릴까 봐 덜컥 겁이 나지 뭐니.
그래서 **소독약**으로 엄청 꼼꼼히 소독하고 그랬어.
곪지 않게 연고도 바르고 밴드도 깨끗이 갈아 붙였지."
"파상풍이 그렇게 무서운 병이에요?"
"그럼, 작은 상처를 얕봤다가는 큰일 난단다."

파상풍이란?

녹슨 쇠못이나 가시 등에 찔렸을 때 파상풍균이 상처를 통해 몸에 들어가서 일으키는 병이에요.
파상풍에 걸리면 매우 고통스럽고 심하면 죽을 수도 있어요.

"소독약한테 고마워해라."
"소독약아, 고마워. 엄마, **밴드**는요?"
"밴드도 고맙다마다. **연고**도 고맙고."
"밴드야, 고마워. 연고도 고마워."

흔히 입는 상처의 응급 처치를 알아보자!

날카로운 것에 베이거나 살이 까졌을 때

1 상처 난 곳을 흐르는 물이나 생리 식염수로 씻어요.

2 피가 나면 소독된 거즈를 대고 꼭 눌러 피를 멎게 해요.

3 상처용 연고를 바르고 밴드나 깨끗한 거즈를 붙여 둬요.

4 가벼운 상처는 일주일 정도 지나면 아물어요.

5 꿰매야 하는 상처라면 연고를 바르지 말고 병원에 가서 치료해요.

뾰족한 것에 찔렸을 때

1 소독한 핀셋이나 족집게로 이물질을 뽑아내요.
　가시가 잘 안 나올 때는 어른의 도움을 받아 불에 달구어 소독한 바늘로 빼내요.
2 찔린 곳을 소독하고 밴드나 깨끗한 거즈를 붙여 둬요.
3 피가 날 때는 거즈나 붕대를 대고 꼭 눌러 피를 멎게 해요.
4 깊이 찔렸다면 응급 처치 뒤에 병원에 가서 치료를 받아요.

 박힌 것이 잘 빠지지 않을 때는 무리하게 빼지 말고 병원에 가요.

"엄마, 내 다리에 이 흉터는 언제 생겼어요?"
"그거? 언제더라. 네가 어렸을 때 **뜨거운 국그릇**을 쏟아서 다리를 데었거든.
그때 응급 처치를 잘했으니까 그 정도지. 안 그랬으면 흉터가 크게 날 뻔했어."
"저는 여름에 바닷가에서 발가벗고 놀다가 피부가 **빨갛게 익었잖아요.**"
"깜짝이야, 너 언제 왔니?"
"방금요."
오빠가 신발을 벗고 들어오면서 말했어요.

화상과 동상의 응급 처치를 알아보자!

뜨거운 것에 데었을 때

1 덴 부위를 곧바로 찬물에 10분 이상 대어 열을 식혀요.
2 화상 연고를 바르고 밴드나 거즈로 감싸요.
3 물집이 생기면 터뜨리지 말고 붕대로 감아 둬요.
4 심한 화상이라면 소독한 거즈로 살짝 덮고 빨리 병원에 가요.

 옷이 달라붙었으면 억지로 떼어 내지 마요.
화상 부위에 직접 얼음을 대도 안 돼요.

햇빛을 오래 쬐어 피부가 화끈거릴 때

1 화끈거리는 부위에 얼음이나 오이를 대요.
2 3~4일이 지나도 낫지 않고 물집이 생기면 병원에 가서 치료를 받아요.

꽁꽁~ 동상에 걸렸을 때

1 동상 입은 부위를 따뜻한 물(38~42도)에 20분 이상 담가요.

2 피부의 색과 감각이 돌아오면 물기를 닦고 상처를 붕대로 감싸서 보호해요.

3 피부가 붉게 부어오르면서 가려운 증상의 동상은 응급 처치만으로 나아요.

4 피부가 푸른색으로 변하면서 물집이 생기고 감각이 없으면 병원에 가서 치료를 받아요.

 언 부위를 손으로 비벼 녹이려고 하지 마요.
갑자기 뜨거운 물에 담그거나 불에 가까이 가도 안 돼요.

"다친 얘기 중이야? **붕대** 갖고 노는 거 보니까 생각난다.
너 자전거 배우다가 넘어져서 발목 **삐었을 때** 붕대 친친 감았잖아.
내 친구는 팔이 **부러져서** 돌돌 만 신문지를 대고 병원에 간 적 있어."
"오빠, 신문지는 왜?"
"다친 팔이 움직이지 못하게 빳빳한 것을 대 준 거야."

➕ 넘어지거나 쓰러졌을 때의 응급 처치를 알아보자!

넘어져서 뼈가 부러졌을 때

되도록 움직이지 말고, 다친 부위에 부목(아픈 팔다리를 고정하기 위하여 잠시 대는 나무)을 대고 병원에 가요. 부목이 없다면 두꺼운 책이나 신문지, 막대기, 우산을 써도 돼요.

빙판길에 넘어졌을 때

몸을 살짝 움직여 봐서 이상이 없는지 살피고 천천히 일어나요. 창피하다고 서둘러 일어나다가 부상이 커질 수 있거든요.

 목이나 허리를 다친 것 같으면 움직이지 말고 주위에 도움을 청해요.

도와주세요!

머리를 세게 부딪쳤을 때

반드시 병원에 가서 진찰을 받아요.
괜찮다가도 시간이 지나면 아플 수 있어요.
구토를 하거나 물체가 둘로 보일 때,
말이 어눌해졌을 때는 즉시 병원에 가요.

여름철, 햇빛을 오래 쬐어 쓰러졌을 때

1 환자를 즉시 시원한 곳으로 옮겨요.
2 꼭 끼는 옷을 벗기고 편안하게 눕혀요.
3 물수건을 몸에 대 주거나 부채질을 해 줘요.
4 30분 안에 회복되지 않으면 즉시 병원으로 옮겨요.

"엄마, 구급상자에 손전등은 왜 들어 있어요?"
"아, 그거. 전에 텐트에서 자다가 너희 아빠 귀에 벌레가 들어간 적 있잖아."
그때 아빠가 퇴근하고 들어왔어요.
"호랑이도 제 말하면 온다더니. 그 이야기는 저녁 먹으면서 하자."
엄마는 서둘러 저녁 준비를 했어요.
"목에 소시지 걸리지 않게 조금씩 베어 먹어라."
"헉, 우리 엄마는 뒤에도 눈이 달렸나 봐."

➕ 이물질이 들어갔을 때의 응급 처치를 알아보자!

눈에 먼지가 들어갔을 때

1 가만히 눈을 감고 있으면 먼지가 눈물에 씻겨 저절로 나와요.
2 그래도 안 나오면 물에 눈을 잠기게 하고 깜박깜박거려요.

 눈을 비비면 안 돼요.

윙윙~ 귓속에 벌레가 들어갔을 때

1 손전등을 비추면 벌레가 빛을 따라 나와요. 귀를 밝은 쪽으로 향해도 돼요.
2 그래도 안 나오면 바퀴벌레처럼 빛을 싫어하는 벌레일 수 있으므로 병원에 가요.

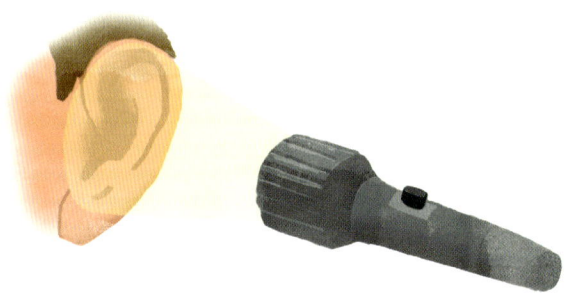

 면봉이나 핀셋으로 억지로 꺼내려고 하면 안 돼요.
벌레가 더 깊이 들어가거나 상처가 날 수 있어요.

캑캑~ 목에 가시가 걸렸을 때

스스로 빼려고 하지 말고 빨리 병원에 가요.
의사 선생님에게 검사를 받고 안전하게 치료받아요.

 물이나 맨밥을 꿀꺽 삼키거나 핀셋으로 빼내려 하지 마요. 식도에 상처가 날 수 있어요.

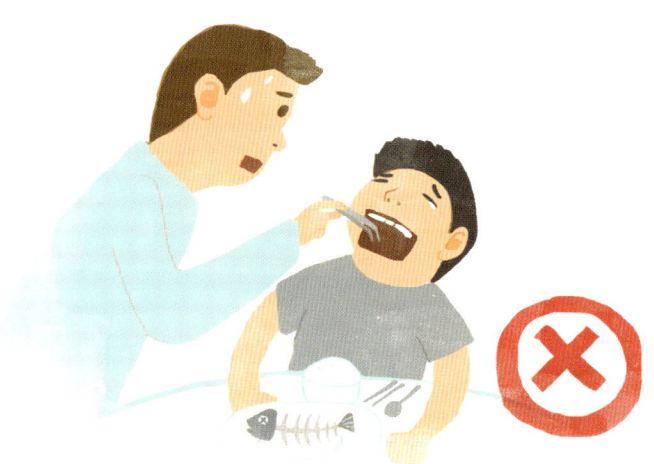

목에 덩어리가 걸려 숨쉬기가 힘들 때

배 밀쳐 올리기(하임리히법)를 해요.

1 환자 뒤에 서서 허리를 감싸 안아요.
2 한 손으로 주먹을 쥐고 배꼽과 갈비뼈 사이에 대요. 다른 손으로 주먹을 감싸 쥐어요.
3 팔꿈치를 구부리면서 배를 위로 밀쳐 올려요.

★ 도와줄 사람이 없을 때 스스로 하는 방법 : 탁자나 의자에 대고 힘껏 밀쳐 올려요. 단, 뾰족한 모서리에 대면 안 돼요.

 등을 두드리거나 물을 마시면 안 돼요. 이물질이 아래로 내려가면 더욱 꺼내기 힘들어져요.

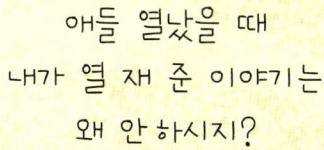

그때 한 아주머니가 나를 건네며
부러진 이를 담아서 치과로 가라고 했어.
시키는 대로 하고 치과에 갔더니
의사 선생님이 응급 처치를 잘해서 다행이라고 했지.

내 덕분에 제자리에 이를 다시 끼워 넣을 수 있었던 거야.
내가 없었더라면 이를 해 넣느라 시간과 돈이 엄청 들었을 거래.
이래도 내가 하는 일이 없니?

우아, 그랬구나.

일상생활에서 필요한 응급 처치를 알아보자!

이가 빠지거나 부러졌을 때

1 이에 흙이나 더러운 것이 묻었다면 생리 식염수나 우유를 부어 살살 헹궈 내요.
2 빠진 자리에 이를 조심스럽게 대고 거즈를 살짝 물고서 병원에 가요. 빠진 지 30분 안에 원래 자리에 넣고 치료를 받으면 이를 살릴 수 있어요.
3 생리 식염수나 우유에 넣어 가도 돼요. 수돗물은 절대 안 돼요!

 빠진 이를 집을 때 뿌리 쪽을 잡으면 안 돼요.

혀를 깨물었을 때는 이렇게!

1 얼음 한 조각을 물고 있어요. 피도 쉽게 멎고 아픔도 덜할 거예요.
2 피가 멎으면 구강 청결제로 입안을 헹궈서 감염을 막아요.
3 피가 계속 나면 빨리 병원에 가요.

코피가 날 때

1 고개를 약간 앞으로 숙이고 콧구멍 양옆을 5분 정도 누르고 있어요.
2 이마나 양쪽 눈 사이에 찬 물수건이나 얼음을 대고 있어요.
3 10분이 지나도 멎지 않으면 병원에 가요.

 코피가 목으로 넘어가면 삼키지 말고 뱉어 내요.
코를 풀지 말아요.

펄펄~ 열이 날 때

해열제를 먹고 따뜻한 물을 많이 마셔요. 미지근한 물에 적신 수건이나 스펀지로 몸을 닦아 줘도 돼요. 이때 심장에서 멀리 있는 손과 발부터 닦아야 해요.

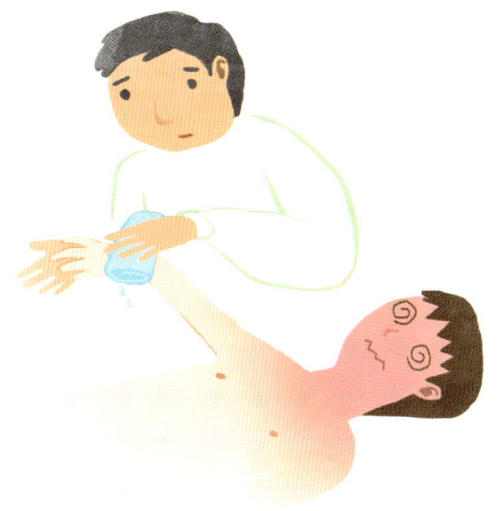

 물수건으로 몸을 닦아 줄 때 환자가 추워하면 닦기를 멈춰요.

"해정아, 약국 가자."
엄마와 나는 약국에 다녀와서 구급상자를 말끔히 정리했어요.
버릴 건 버리고 채울 건 채웠죠.
"우리 가족의 건강을 책임지는 우리 집 보물 상자, 고마워!
하지만 보물 상자를 여는 일이 많지는 않았으면 좋겠구나, **호호호.**"

야외 활동에서의 응급 처치를 알아보자!

벌에 쏘였을 때

1 검은 점처럼 보이는 벌침을 뽑아내요. 신용 카드로 살살 긁으면 쉽게 뽑혀요.
2 벌침을 뽑은 뒤 비눗물이나 생리 식염수로 씻고, 얼음을 대서 부기를 가라앉혀요.
3 알레르기용 항히스타민 연고를 발라요.
4 입과 목 주위를 쏘였을 때는 빨리 병원에 가서 치료를 받아요.

 벌침을 손톱이나 핀셋으로 뽑으려고 하지 마요.
쏘인 자리가 가려워도 긁지 말고요. 독이 퍼질 수 있거든요.

개나 고양이에게 물렸을 때

1 상처를 비눗물이나 생리 식염수로 깨끗이 씻어 내요.
2 피가 나면 거즈를 대고 눌러 피를 멈추게 하고 붕대를 감아요.
3 상처가 곪거나 열이 나면 병원에 가요.

 광견병 접종을 하지 않은 개에게 물렸을 때는
곧바로 병원에 가야 해요.

위급 중에 위급! 생명을 살리는 응급 처치를 알아보자!

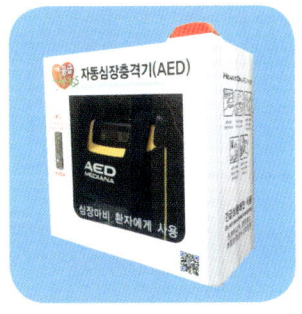

숨이 멈춘 심장 마비 환자를 보았을 때

요즘은 공공장소에 자동제세동기(자동심장충격기, AED)를 갖춘 곳이 많아요. 자동제세동기는 심장에 전기 충격을 주어 심장을 다시 뛰게 해 줘요.

 심장이 멈춘 지 4분 안에 해야 목숨을 살릴 가능성이 높아요.

자동제세동기 사용법

심폐소생술을 하는 방법은 대한심폐소생협회 홈페이지(http://www.kacpr.org)에 자세히 나와 있어요.

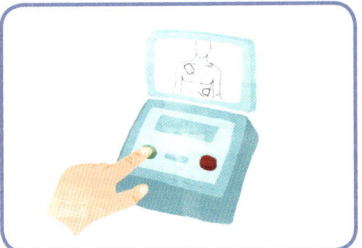

① 전원 버튼을 누르고 음성 안내대로 따라 해요.

② 두 개의 패드를 그림에 나와 있는 부위에 각각 붙여요.

③ "분석 중"이라는 말이 나오면, 손을 떼요. "제세동이 필요합니다."라고 하면 깜박이는 제세동 버튼을 눌러요.

④ 동작이 끝난 뒤에는 *심폐소생술을 해요. 구급대가 올 때까지 심장 전기 충격과 심폐소생술을 반복해요.